Christine Berning

Am Meer des Lebens

In Erinnerung an Karl-Heinz

Für Annika

Rückwärts

Da sitze ich nun,
denke was tun?
Vorwärts blicken - klar,
nur - undenkbar!
Ans Meer gehen,
Wellen sehen,
und - ganz einfach
das Leben rückwärts erzählen.

Liebe auf den ersten Blick - Karl-Heinz

Es war wieder so ein trister Wintertag im Berliner Prenzlauer Berg. Alles sah grau und schmutzig aus. Meine Freundin mit ihrem Mann und ich hockten in meiner Wohnung am Helmholtz-Platz und beschlossen, wenn schon Wintertristesse, dann wenigstens mit Erholungsfaktor. Wohin also? Die Insel Rügen – zu weit für ein verlängertes Wochenende, Bad Doberan und Kühlungsborn? Ja, das wars.

Gesagt, getan, wir fuhren nach Doberan und bekamen im Hotel zur Post ein 5 - Bettzimmer. Für uns drei!

Das gefiel uns überhaupt nicht und so versuchten wir unser Glück in Kühlungsborn. Dort gab es natürlich keine freien Zimmer, denn an der Ostseeküste wurde alles vermietet was irgend ging. Und es war alles vermietet! Nun war guter Rat teuer, was machen?

Im Jahr 1967 besuchte ich die kleine Hafenstadt Wismar. Sie war mir in Erinnerung geblieben, wegen des Hafens, der Kabelkrananlage und der großen Backsteinkirchen. Dann auf nach Wismar!

Die telefonische Zimmersuche im Doberaner Postamt gestaltete sich schwierig. Nur im Hotel Stadt Hamburg hatten wir Glück und bekamen zwei Zimmer.

Wenig später saßen wir im Zug nach Wismar und waren gespannt auf die Stadt und vor allem auf das Hotel mit dem vielversprechenden Namen.

Als wir in Wismar ankamen, wollten wir per Taxi, wie für Großstädter üblich, zum Hotel fahren. Vor dem Bahnhof gab es aber keine Taxen. Bei Passanten erkundigten wir uns nach dem Weg und gingen zu Fuß. Na, bei dem kurzen Weg benötigten wir wirklich kein Auto. Vorbei an dem kleinen Kanal, wir wussten noch nicht, dass die kleinen Wasserläufe hier Gruben heißen, ging es Richtung Marktplatz. Dabei hatten wir einen großartigen Blick auf die Nikolai-Kirche mit ihrem imposanten Kirchenschiff.

Als wir dann vor dem Hotel Stadt Hamburg standen, waren wir etwas irritiert. Ein gelb-graues Bauwerk, an dem der Putz abbröckelte, empfing uns. Nur Mut, es konnte ja nur besser werden! An der Anmeldung, die in die Ecke links neben der Treppe, gequetscht war, nahmen wir die Zimmerschlüssel entgegen und stiegen auf knarrenden Stufen, die nach Bohnerwachs rochen, zu unseren Zimmern hinauf. Dabei konnten wir uns in dem riesigen blinden Spiegel, der oberhalb der Treppe angebracht war, betrachten. Ich schloss die Tür auf und glaubte meinen Augen nicht zu trauen. Das Zimmer war lang und schmal, ein kleines Fenster in der Ecke beleuchtet es etwas. Auf einer Anrichte stand eine Wasserschüssel mit einem Krug. Der erhoffte Blick auf den Marktplatz bot sich natürlich nicht. Ich schaute auf einen grauen Innenhof in dem allerlei Großküchenkram herumstand. Meine Freunde hatten wenigstens ein Handwaschbecken mit fließendem kaltem Wasser. Na, egal, nun waren wir hier gelandet und es hieß: "Augen zu und durch!" Nach kurzer Pause ging es auf eine Stadterkundung. Uns begeisterten die gotischen Giebelhäuser, der große Marktplatz mit der schönen Wasserkunst war sehr eindrucksvoll. Aber vor allem die prachtvollen Backsteinkirchen hatten es uns angetan. Die Nikolai-Kirche mit dem riesigen Kirchenschiff, der Marienkirchturm und die Georgenkirche, die damals in einem bedauernswerten Zustand war, zeugten vom einstigen Reichtum der Stadt.

Der Alte Hafen mit seinen kleinen Fischerbooten und den Frachtschiffen aus aller Welt, die hier in großer Zahl lagen, war für uns Berliner sehr interessant. Die Kabelkran-Anlage der Werft, die sich aus dem Dunst des nebligen Tages stolz in den Himmel reckte, faszinierte uns. So, nun hatten wir so ziemlich alles gesehen, meinten wir.

Was mit dem anfangenden Abend beginnen? Ins Kino gehen? Den Film, den es im Weltspiegel gab, hatten wir natürlich schon längst gesehen. Schön Essen gehen in der HOG „Zum Weinberg" ging auch nicht, denn wir hatten ja nicht schon vor Wochen Plätze reserviert.

Im Hotel sagte man uns, dass es eine Kellerbar gibt und dort eine Band zum Tanz aufspielt. Na, das war doch was! Wir machten uns also besonders schön, mit langem Rock und Lurexbluse. Der Mann meiner Freundin wurde vorgeschickt, um das Terrain zu sondieren. Schnell war er wieder bei uns und sagte, dass wir uns andere Sachen anziehen sollten, wir wären zu overdressed. Nun wurden die Schlaghosen rausgeholt, Plateau-Schuhe angezogen und eine lange Bluse mit vielen Ketten komplettierte mein Outfit.

Uns empfing eine nette, multikulturelle Atmosphäre würde man heute sagen. Neben den Einheimischen waren viele Seeleute dort, erinnere ich mich. Dadurch war die Live-Musik sehr international und man konnte gut tanzen. Wir saßen mit einigen Wismarern am Tisch. Anfangs war die Unterhaltung recht zäh. Es dauerte eine Weile bis sie aufgetaut waren. Den kannten wir Berliner nicht, diesen spröden Charme. Später hatten wir einigen Spaß miteinander. Das nahm ein junger Mann zum Anlass und wollte mir zeigen, was ein Hafenstädter alles drauf hat. Wir tanzten und dabei stellte sich heraus, dass mein Verehrer recht zudringlich wurde. Mir war das sehr unangenehm und ich rettete mich vor ihm an die Bar. Und dort stand ER! Groß, blond, meerblaue Augen und ganz toll gekleidet. Ich sehe noch heute den zweireihigen dunklen Blazer, den weißen Rolli, die Schlaghosen und natürlich die Plateau-Schuhe, wir waren ja in den „Siebzigern". Er hatte eine Aura um sich der ich mich schwer entziehen konnte. Und ich wollte mich ihr nicht entziehen!

Mit den Worten: „Darf ich bitten", begann eine wunderschöne Nacht. Er hieß Karl-Heinz, war ein sehr guter Tänzer, ein wunderbar unterhaltsamer Mann und ich hatte mich hoffnungslos verliebt. Auf den ersten Blick sozusagen.

In den noch verbleibenden 48 Stunden unseres Aufenthaltes hatte ich nur noch Augen für ihn. Er zeigte mir sein Wismar, das er sehr liebte. Wir waren gemeinsam am Wendorfer Strand, damals noch mit Badeanstalt, liefen nach Hoben, waren auf der Insel Poel und in Boltenhagen.

In der der Gaststätte „Zum Weinberg", Karl-Heinz hatte gute Beziehungen dorthin, haben wir ausgezeichnet gegessen und ich war von dem Ambiente begeistert. Solch einen schönen mittelalterlichen Weinkeller hatte ich noch nicht gesehen, auch nicht in Berlin. Auch die Kneipe "Zum Alten Schweden", mit ihren Holztischen und uralten Stühlen, die Koggen, die von der Decke hingen, hatte es mir angetan. Unvergessen der alte Kachelofen, ich glaube mit dunkelgrünen Kacheln, hatte ein besonderes Flair. Überhaupt, ganz Wismar schien plötzlich zu strahlen in diesen grauen Februartagen. Unsere gemeinsame Zeit ging viel zu schnell zu Ende. Die Arbeit und Berlin riefen wieder. Wir tauschten unsere Adressen und dann hieß es Abschied nehmen. Mit eventuellem Wiedersehen?

Unzählige Briefe und viele Reisen später sollte mein neues Zuhause Wismar heißen.

Wie ich gemeinsam mit unserem in Berlin geborenen Töchterchen Annika am 1. Mai 1976 nach Wismar umgezogen bin, und wie uns die spröde Schöne im Norden empfangen hat ist eine neue Geschichte.

Liebe auf den zweiten Blick – Wismar

1. Mai 1976: - Da waren wir nun. Nach einer langen Fahrt im Moskwitsch meines Schwiegervaters landeten wir, das heißt unsere kleine Annika und ich, in der Karl – Liebknecht – Straße 14 in Wismar. Mein Verlobter war schon am Tag zuvor mit meinen Möbeln vom Berliner Prenzlauer Berg gestartet. Nun überraschte uns eine eingerichtete Wohnung. Nach der Reise wollte ich noch etwas spazieren gehen, es war ja Feiertag. Gesagt, getan, wir gingen mit unserer Kleinen, die warm eingepackt im Kinderwagen lag, um die Ecke zum Markt. Es war sehr windig und keine Menschen auf dem schönen Platz, nur leere Pappbecher und Teller wehten durch die Gegend.

Na, das war eine Begrüßung! In Berlin wären zu dieser Zeit, gegen 18 Uhr, noch viele Menschen unterwegs gewesen. Mein erster Eindruck war etwas ernüchternd. Sollte es doch stimmen, was meine Berliner Freunde sagten? „Gehe nicht in die Provinz, Christine!" Wir gingen zurück in die Wohnung, die nur ein paar Schritte vom Markt entfernt war. Sie empfing uns wohlig warm und nett eingerichtet. Dabei harmonierten unsere zusammengefügten Möbel perfekt. Meine Schwiegermutter hatte in Windeseile aus meinen riesigen Baumwollstores meiner Berliner Wohnung, kleinere für die hiesige Wohnstube genäht. Ihre alte Singer Nähmaschine musste dabei mächtig gesurrt haben. Das kleine Kinderzimmer hatten beide liebevoll eingerichtet. Da störte es auch nicht, dass der Fußboden der Wohnung ziemlich schief war.

Nach zwei gemeinsamen Tagen, die wir als kleine Familie verlebten, begann der Alltag. Mein Verlobter ging arbeiten und ich war mit unserem Sonnenschein zu Hause. Nun hieß es Wismar von seiner alltäglichen Seite kennen zu lernen. Und die war alles andere als schön. Es fing schon im Gemüseladen in unserem Haus an. Vorrangiges Gemüse waren Rot- bzw. Weißkohl, Sauerkraut aus dem Fass und Salzgurken. Keine Frage, es schmeckte, war aber etwas wenig für die umfassende Versorgung der Bevölkerung. Ein Besuch beim Schlachter in der Hegede sorgte für großen Verdruss auf beiden Seiten. Die Verkäuferin glaubte sich zu verhören, als ich mitten in der Woche Schinken verlangte, Gulaschfleisch geschnitten und einige Wurstsorten. Ich glaubte mich zu verhören, als die Verkäuferin sagte: "Gulaschfleisch wird bei uns nicht geschnitten und wegen des Schinkens fragen sie mal am Wochenende nach."

O je, das fing ja gut an. Sollten wir Berliner aus politischen Gründen wirklich so bevorzugt worden sein? Bei meinem Schlachter in der Dunckerstrasse (er kam aus Thüringen) gab es fast alles. Auch der Gemüseladen in der Lychener Straße war weit besser sortiert.

Als mein Partner nach Hause kam und ich ihm meine Misserfolge schilderte, lächelte er und meinte, ich müsse mich wohl doch etwas umstellen, und so kam es auch. Meine Eltern wohnten ja in Berlin, und so mancher Engpass wurde durch Einkaufsfahrten dorthin überwunden. An diesem Abend wollten wir uns noch in das Hausbuch eintragen. Wir gingen zu der Familie, die dieses Buch führte. Sie stellten fest, dass wir nicht verheiratet waren, also in „wilder Ehe" zusammen lebten. Welch eine Verfehlung! Na bravo, das rundete diesen Tag so richtig ab. Wo war ich hier gelandet, meine Schmerzgrenze war erreicht. Nur schnell in unsere Wohnung um den Abend doch noch nett und harmonisch zu beenden. Hier wartete unsere kleine Annika schon auf uns. Sie war ein wundervolles Baby, weinte sehr selten, war immer ausgeglichen und machte uns sehr viel Freude. Ein Wunschkind eben!

Weniger Freude machte dagegen die Nähe zur Reinigung Meiser. Oft waren frisch gewaschene Windeln verschmutzt, weil sich Rußflocken, die aus deren Schornstein stiegen, auf die Wäsche legten. Umweltschutz wurde damals sehr klein geschrieben. Auch die nahe Milchbar hatte so ihre Tücken. An den Wochenenden landete so mancher „Weiße Traum", ein alkoholisches Milchmixgetränk, vor unserer Haustür.

Zugegeben, Wismar schnitt im Vergleich mit Berlin nicht besonders gut ab. Ich begann zu zweifeln, ob der Umzug wirklich eine so gute Idee war. Sollte man eine, aus politischen Gründen gehätschelte

Hauptstadt der DDR, mit einer Kleinstadt in der Republik vergleichen? Nein, das ging einfach nicht.

Nun galt es die positiven Seiten von Wismar zu suchen und zu finden. Es gab sehr viele schöne Dinge, die mich mit Wismar versöhnten. Der erste Pluspunkt: Unsere kleine Familie war endlich zusammen und die vielen Reisen hatten ein Ende. Leider auch das Briefeschreiben, denn es flatterten viele Briefe hin und her, die für unsere Fernbeziehung ein romantisches Bindeglied waren. Natürlich muss hier auch die Ostseenähe genannt werden. Alle Strände in der Umgebung waren sehr kleinkindfreundlich, denn das Wasser war dort sehr flach. Die Strände auf Poel und an der Wohlenberger Wieck konnten gut mit dem Bus erreicht werden. Es hieß allerdings rechtzeitig erscheinen an den Haltestellen in der Großschmiedestraße. Wer zu spät kam, wurde bestraft, er kam nicht mehr mit, der Bus war meistens schon überfüllt.

Wenn sich Besuch aus Berlin ankündigte, hieß es schnell Plätze in unserer Lieblingsgaststätte „Zum Weinberg" bestellen. Mit dieser schönen Lokalität konnten wir immer punkten. Im Winter gab es dort eine hervorragende Feuerzangenbowle, die so manche Weinbergnacht sehr lang werden ließ.

Ein besonderes Plus war die Kinderkrippe in Wendorf. Es war ein weiter Weg dorthin, der sich aber jeden Tag lohnte. Hinter dem Neubau der Kita standen zwei alte Villen. In der ersten wurde unsere Tochter betreut. Die Lage war unschlagbar, direkt am Wasser, der Garten mit vielen schönen Bäumen bestanden. Da konnte keine Krippe in der Betonwüste Berlin mithalten. Im Prenzlauer Berg waren viele im Parterre der großen Mietshäuser untergebracht. Noch ein Vorteil für die Hafenstadt.

Langsam lernte ich Wismar mit seinen Menschen, die ihr Herz nicht auf der Zunge trugen, wie die Berliner, kennen und lieben. Nun lebe ich schon 32 Jahre in meiner geliebten kleinen Stadt am Meer und habe viele schöne Erinnerungen.

Leider musste ich auch einige schmerzliche Erfahrungen und Schicksalsschläge hinnehmen. So, wie sie das Leben eben schreibt.

Aber das sind schon wieder ganz andere Geschichten.

Zwei Wismarer Unbekannte

Es war ein sehr heißer Augusttag im Jahr 1975. Ich machte mich voller Freude mit dem Zug von Berlin auf den Weg an die Küste. Mein Ziel war Wismar. Hier lebte mein Liebster. Der Zug war gut besetzt, aber ich ergatterte noch einen Sitzplatz. Drei Stunden stehen wäre ja auch kein Vergnügen gewesen. In Wismar angekommen, empfing mich die gleiche Hitze, der ich in Berlin entflohen war. Vom Wasser wehte kein Lüftchen, es war kaum auszuhalten.

Dieses Mal holte mich mein Freund nicht vom Zug ab, da er noch arbeiten musste. Ich ging zum Bahnhofsvorplatz, um mit dem Bus nach Wendorf zu fahren. Es standen schon etliche Leute an der Haltestelle. Ein Bus war nicht zu sehen. Als er endlich auftauchte, traute ich meinen Augen nicht. So ein Vehikel war mir noch nicht unter die Augen gekommen. Alle Wartenden stiegen diszipliniert vorn beim Fahrer in den ominösen viereckigen Kasten. Das kannte ich aus Berlin ganz anders, dort benutzte man einfach alle Türen. Auch ich reihte mich ein, bezahlte meinen Obolus und fragte den Busfahrer wo ich aussteigen muss, um zur Bruno-Tesch-Straße zu gelangen. Dabei fiel mein Blick auf das Armaturenbrett. Ich konnte kyrillische Buchstaben erkennen und Plaketten mit Auszeichnungen von Messegold aus Leipzig. Diese Chaise war, wie ich lesen konnte, ein sowjetisches Fabrikat. Na so was, dachte ich noch und schon flog ich hin und her. Das Gefährt hatte sich unsanft in Bewegung gesetzt. Sitzplätze waren nicht frei, man stand eingekeilt zwischen den Fahrgästen. Interessiert schaute ich mich um, denn es war meine erste Busfahrt in Wismar. Stickige Luft waberte umher und es roch sehr gewöhnungsbedürftig. Viele sowjetische Offiziere und ihre Gattinnen saßen im Bus. Aha, daher der Duft, ein Konglomerat aus starkem, süßlichem Parfum und Knoblauch. Mir wurde schon etwas übel, denn auch die geöffneten Oberfenster brachten keine Abhilfe. Inzwischen waren wir am Hafen angekommen und eine lärmende Menge von Frauen stürmte durch die Tür. Wie, die wollten auch noch in dieses „Kommissbrot" rein? Plötzlich roch es im ganzen Bus nach Fisch. Im Vorbeifahren sah ich ein Schild auf dem etwas von Fischwirtschaft stand. Alles klar. Mir wurde immer schlechter. Eine Weile später quälte sich das Vehikel an der Lübschen Burg die Straße hoch. Dabei kuppelte der Fahrer immerzu und der Bus machte wahre Bocksprünge. Es ging nicht mehr, ich musste hier raus. An der nächsten Haltestelle stieg ich aus. Erst einmal tief Luft holen, soweit es bei der Hitze möglich war. Irgendwann war ich in der Tesch-Straße angekommen.

Meine spätere Schwiegermutter empfing mich in der Ausbauwohnung, die, unter dem Dach gelegen, auch sehr heiß war. Mein Freund und ich wollten sofort an den Strand. Die Hoffnung auf einen Sprung ins kühle Nass war kaum auszuhalten. Einen sündhaft teuren Badeanzug hatte ich mir kürzlich im

„Exquisit" in Berlin gekauft. Das schicke Teil wollte ich mit Meerwasser taufen. Nun hieß es warten auf meinen Liebsten. Endlich kam er, auch sein Vater und sein bester Freund waren dabei. Schnurstracks sollte es zum Strand gehen. Das Ziel hieß Hohen Wieschendorf. Jeder bekam ein Badehandtuch in die Hand gedrückt und los ging es! Halt, ich griff noch schnell meinen exquisiten Badeanzug und dann erwartete mich eine Fahrt auf einem staubigen Feldweg. Behäbig schaukelte der „Moskwitsch" über den Weg und mir wurde schon wieder etwas komisch. An einem improvisierten Parkplatz hielten wir an. Schnell flüchteten wir aus dem kochenden Auto und eilten in Richtung Wasser. Selbst hier wehte kaum ein Lüftchen. Nur noch eine kleine Steilküste trennte uns vom Strand. Wir gingen eine, in den Sand getretene, Treppe hinab und was sah ich da? Lauter „Nackedeis" lagen hinter Windschutzplanen, spielten Volleyball oder aalten sich im Wasser. Perplex schaute ich auf das Treiben. Mit meinem Badeanzug und dem Handtuch in der Hand stand ich da. Die Männer hatten sich schon ihrer Kleidung entledigt und rannten ins Wasser. Mein Schatz rief lächelnd, ich solle doch auch kommen. Mir blieb nichts anderes blieb übrig. Ich zog mich aus und lief schnell, sehr schnell, zum kühlenden Nass, um möglichst bis zum Hals darin zu verschwinden. Dabei befolgte ich den guten Rat "Brust raus, Bauch rein." Leider war es dort ziemlich flach und ich musste lange gehen, als ob ich einen Stock verschluckt hätte. Das war mein erstes Mal am FKK.

An diesem heißen Augusttag hatte ich es mit zwei Wismarer Unbekannten zu tun. Später, als ich hier lebte, arrangierte ich mich mit ihnen. Noch oft fuhren wir nach Wieschendorf zum Baden und mit dem „Kommissbrot" habe ich noch viele gehasste Fahrten nach Wendorf unternommen, denn unsere Tochter ging dort in die Krippe. Glücklicherweise verschwand dieser „ausgezeichnete" Bus bald aus Wismars Stadtbild und mit ihm der schreckliche Gestank nach „Russenbenzin".

Ein Anruf für das Leben

Ein heißer Sommertag 2002 ging zu Ende. Ich lag sehr benommen auf der Couch, das Fernsehgerät flimmerte, ohne dass ich zuschaute. In mir war eine große Leere. Das Telefon klingelte, mein Mann kam zu mir und sagte ganz leise und bedeutungsvoll: „Das Transplantationszentrum."

Da war er nun, dieser langersehnte, schon nicht mehr erhoffte, alles in meinem Leben verändernde und trotzdem gefürchtete Anruf. Wollte ich ihn eigentlich noch? Die Wartezeit war so zermürbend, dass mir in den letzten Wochen so ziemlich alles egal war.

Was sagte die Stimme am Telefon? Sie hätten ein Organ für mich! Ich hatte doch eine Woche zuvor bei der Koordinatorin angerufen. Sie sagte mir, es würde der ganze Sommer vergehen, da noch zwei Patienten mit meiner Blutgruppe vor mir auf der internen Liste stünden. In meinem Kopf schwirrte es, ich nahm kaum wahr, was der Koordinator sagte. Mir rutschte der Hörer aus der Hand und ich war nicht mehr fähig, klar zu denken. Enttäuscht stellte der Anrufer fest, dass ich mich ja gar nicht freuen würde.

Alles, was danach passierte, war rein mechanisch. Die Tasche war schon, auch wegen der letzten immer wiederkehrenden Krankenhausaufenthalte, gepackt. Ich machte mich, wie in Trance, fertig und wartete auf den Krankentransport.

Mein Herz klopfte so laut, dass mein Mann es wohl hören konnte. Schnell rief er noch unsere Lieben an und dann ging es auch schon los.

Drei Rettungssanitäter holten mich ab. Einer von ihnen, ein junger Mann in Ausbildung, nahm mit mir im hinteren Teil Platz und ab ging die Fahrt nach Hanburg. Unaufhaltsam rollten die Räder, ich entfernte mich immer mehr aus meinem bisherigen Leben und ich hoffte so sehr, dass ich in einem neuen, schöneren ankommen würde.

Während der fast zweistündigen Fahrt durch die warme Sommernacht wurde mir immer kälter. Plötzlich begann ich diesem jungen Menschen, den ich nicht kannte, mein ganzes Leben zu erzählen. Da waren Bilder aus meiner Kindheit, die ich frei und ungezwungen in einer Stadt im Norden verlebte, der Umzug in die Großstadt und die Geburt unserer geliebten Tochter. Und schließlich die Rückkehr in den Norden, weil hier meine Wurzeln sind. Als die Lichter Hamburgs durch die Fenster leuchteten und wir uns der Uniklinik näherten, wurde ich immer ruhiger.

Viel hatte ich im Vorfeld der Transplantation darüber nachgedacht, wie es denn sein würde, wenn ich danach wach werde. Ich hatte mir so gewünscht, dass meine beiden Lieben links und rechts neben mir sitzen würden, und so war es auch. Nach einer sehr langen Operation wachte ich im Intensivbett kurz auf, sah meine Tochter und meinen Mann, sagte „Annika", lächelte glücklich und schlief gleich weiter. Erst auf der Normal-Station realisierte ich, mit Hilfe meiner Angehörigen und der Ärzte, was eigentlich passiert war.

Ich hatte eine Split-Leber erhalten. Mit dem zur Verfügung stehenden Organ konnten zwei Menschenleben gerettet werden. Den größeren Teil erhielt ich, und ein kleines fünfjähriges Mädchen den kleineren Teil der Leber. Für mich war es wie ein Wunder, zwei Menschen konnten nun weiterleben.

Der unerwartete Anruf war also nicht nur für mich der Beginn eines neuen, schönen Lebens, in dem ich angekommen bin.

Am Meer des Lebens

Den Wind auf der Haut nicht mehr gespürt,
der Sonnenaufgang die Seele nicht berührt,
kein strahlender Morgen die Hoffnung geschürt.
Das Leben an mir vorbeigezogen,
schnell und brausend wie die Wogen.

Dann nach einem heißen Tag -
die Sonne fiel blutrot in das Meer
und sie ging schöner auf als je vorher!

Nun spüre ich den Wind auf der Haut
und die Wogen donnern laut,
mich rührt jeder Sonnenuntergang
und die See hat einen neuen Klang.
Jeder Morgen ist nun Geschenk und voll Dank.
Jetzt hat das Leben mich wieder
und das Meer singt mir seine Lieder.

Abschied

Ich habe deinen Schlaf bewacht
In mancher dunklen Nacht
Ich habe deinem Atem gelauscht
Und unser Meer hat dazu gerauscht

Am Morgen hat die Sonne unsere Träume vertrieben
Nichts ist uns von ihnen geblieben
Sie hat eine Straße aufs Meer gemalt
Du bist sie gegangen und hast dich in ihr verfangen

Ich gehe ans Meer und höre deine Stimme
Die Wellen singen mir unsere Lieder
Die Sonne hat eine Straße aufs Meer gemalt
Ich warte auf dich aber du kommst nicht wieder

Freier Fall

Immer mit zwei Flügeln geflogen,
einen verloren, ins Trudeln geraten.

Vom Himmel gefallen, die Erde nicht erreicht,
Wolken haben mich aufgefangen.

Bin mit ihnen gezogen,
in eine Warteschleife eingebogen
und sanft auf der Erde gelandet.

Stehe noch unsicher auf festem Boden
und versuche ein neues Leben.

Zweifel

So vieles nicht gefragt,
so vieles nicht gesagt.
Unsere Zeit ist verronnen,
die so schön begonnen.

Das Leben hat uns durchgerüttelt,
wie ein Sturm die Bäume schüttelt.
Sind vor - und zurückgegangen,
getrieben von uns und unserem Verlangen.

Unsere Lippen sind stumm geblieben,
haben die wahren Worte gemieden.
Die Jahre sind davongeflogen,
war alles gelogen?

So vieles nicht gefragt,
so vieles nicht gesagt.
Zeit ist verronnen,
die doch so schön begonnen.

Opa Hannes

Ja, mein Opa Hannes, das war ein Mann. Groß, breitschultrig, mit kantigem Gesicht, ein keckes Bärtchen unter der Nase. Er war sehr belesen, und mein großer Held in Kindertagen.

Ich liebte ihn, weil er eine gehörige Portion Mutterwitz besaß, mit dem meine Oma Minna nicht so gut zurechtkam. Sie war die feinsinnige Frau an seiner Seite.

Besondere Freude machte es mir immer, mit ihm in seinen wunderbaren Garten zu gehen. Noch heute habe ich diesen besonderen Duft in der Nase. Hier wuchsen große Birnen- und Apfelbäume mit Clapps Liebling und Williams Christ, oder James Grieve und Goldparmäne – welch ein Geschmack!

In der windschiefen Laube standen die Gartengeräte, ein Tisch und zwei Stühle. Das reichte damals zum Ausruhen und als Schutz vor Regen. Wenn mein Opa mich suchte, steckte ich entweder in den Himbeeren oder spielte hinter der Laube, denn dort lag so allerlei interessantes Zeug.

Einmal fand ich eine verrostete Pistole. Als ich sie meinem Opa zeigte, bekam er einen großen Schreck und nahm sie mir weg. Wo die Pistole abgeblieben ist und wie sie dort hinkam, mein Opa schwieg sich aus. Es war wohl auch besser so, denn die 50er Jahre waren keine gute Zeit, um eine, wenn auch verrostete, Pistole zu besitzen, schnell hätte man sich im sibirischen Winter wiederfinden können.

Nach einem herrlich unbeschwerten Gartentag ging es abends zurück zur Oma. Hannes war immer zwei, drei raumgreifende Schritte vor mir. Ich kam mit meinen kleinen Füßen kaum hinterher. Opa trug den Korb mit Obst und Gemüse auf eine besondere Art. Er schob den Unterarm unter dem Henkel durch, die Hand hielt sich am Korbrand fest. Manchmal entfleuchten ihm Winde. Mir war das furchtbar peinlich, aber Opa sagte nur: „Beter inne wite Welt, as inn engen Buk."

Ein schöner Gartentag ging immer am Ofen zu Ende, dort stand der Ohrensessel von Hannes. Er lümmelte sich mit glühender Pfeife und Zeitung in ihn, und ich saß auf der Fußbank daneben und hörte andächtig zu, wenn er mir aus der Wochenpost vorlas. Im Winter brutzelten Bratäpfel in der Ofenröhre, im Sommer stand dort eine Emaillekanne mit Malzkaffee. Diese gemeinsamen Momente wurden für uns ein lieb gewonnenes Ritual.

Opas Arbeit als Bühnenmeister am Schweriner Staatstheater hatte es mir besonders angetan. Oft durfte ich ihn in der Kulissenwerkstatt besuchen. Dann wurde ausgiebig zwischen staubigen Perücken und alten Klamotten herumgestöbert und vieles entdeckt. Mir gefielen die wunderschönen

Bühnenbilder besonders. Diese Besuche blieben nicht ohne Folgen, so mancher Floh ging mit mir nach Hause. Offenbar fühlten sich die kleinen Blutsauger in den Kulissen sehr wohl.

Wir Enkel profitierten oft von Opas Arbeit, erhielten wir doch ab und an eine Freikarte für Kindervorstellungen und Weihnachtsmärchen.

Meine Erinnerungen an Weihnachten sind untrennbar mit meinen Großeltern verbunden .Oma hatte weiße und braune Pfeffernüsse gebacken, die in großen Steinguttöpfen gelagert wurden. Sie musste sehr gut, vor allem auf die braunen aufpassen, denn die schmeckten mir immer am besten.

Zu jedem Weihnachtsfest stand ein großer Tannenbaum auf Vatis Schreibtisch im Wohnzimmer. Wenn am Heiligen Abend die Glöckchen läuteten ging die Bescherung los. Opa hatte seine besten Äpfel poliert, sie strahlten im Gartenkorb um die Wette. Auch ein kleines Geschenk lag für jedes Enkelkind im Korb. Nachdem wir unsere Gedichte aufgesagt hatten und die Geschenke verteilt waren, spielte Mutti auf der Mandoline und Oma sang mit uns Enkeln die schönsten Weihnachts- und Winterlieder. Opa zündete sich zur Feier des Tages eine gute Zigarre an.

Diese wunderbare Zeit wurde jäh unterbrochen.

Wir mussten nach Berlin umziehen, mein Vater erhielt hier eine neue Aufgabe. Bei mir gab es sehr viele Tränen, ich wollte nicht in diese große Stadt. Opa Hannes trocknete sie und redete mir gut zu. Ich sah seufzend ein, dass ich mitmusste in die mir damals verhasste Stadt. Opa und ich versprachen uns, dass ich in den Sommerferien zu ihm komme. So war es auch, ich habe meine Großeltern sehr oft besucht und trage noch heute viele schöne Erinnerungen an meine Kindheit mit Opa Hannes in mir.

**Erstes zartes Grün
bunte Krokusse
auf frischen Wiesen
wärmende Sonne
Frühling**

Frühlingssehnen

Liebster, lass uns in Frühlingsluft ein paar Schritte
gehen
und nach den bunten Primeln sehen.

Liebste, muss noch an den PC, nach den E-Mails
schauen
und dann eine neue Website bauen.

Ach Liebster, habe so ein Sehnen im Herz,
das bereitet mir lieblichen Schmerz.

Ach, Liebste habe bald für dich Zeit,
warte, ich bin gleich soweit!

Liebster, ich bin schon gegangen,
habe mir den Frühling
und eine neue Liebe eingefangen!

Wenn Krokusse aus der Erde blitzen
und Sonnenstrahlen Nasen kitzeln,
recke ich meine müden Glieder,
schnüre mir mein schönstes Mieder.

Wenn meine Röcke in lauen Winden wallen,
will ich doch nur dir allein gefallen,
also zier dich nicht weiter,
werde mein Begleiter!

Frühling

Zeitenläufe

Die Liebe kam im frühen März
und traf sie mitten in ihr Herz
-- wilde --

Sie tanzten durch Frühlingstriebe,
noch im Herbst glühte ihre Liebe.
-- milde --

Im späten Winter ist sie erfroren,
im März hat sie ein Kind geboren.

Die Liebe kommt im März.

Feder-Welten

Auf den Ziegeln einer Gaube
in der Sonne saß eine Taube
und putzte ihr schillerndes Gefieder.
Eine Feder löste sich und fiel nieder,
wurde vom Wind auf und ab gehoben
schwebte so langsam zu Boden.
Wunderschön sah sie aus,
ich nahm sie mit nach Haus,
steckte die Feder in ein Tintenfass,
und dachte, sie sagt dir doch was -
schon küsste die Muse mein Gesicht,
mit der Feder schrieb ich mein erstes Gedicht.

Alte Liebe

Fahles Mondlicht auf nassem Asphalt,
zwei schreiten durch die Nacht,
sind schon alt, geben sich Halt.
Gehen nochmal ihre Wege in der Stadt,
die sich so sehr verändert hat.

Der Gang führt sie auch zum Hafen,
dorthin, wo sie sich früher immer trafen.
In schwarzer Nacht wartete eine alte Bank,
auf Liebende, die hier Halt gemacht.

Ihre Schritte werden schneller,
der Mond scheint nun auch heller.
Wunderbarer Meeresduft,
strömt durch laue Sommerluft.

Hell leuchtend liegt der Hafen,
breitet sich weithin aus.
Hinten im Licht das Baumhaus.
Hier wollen sie nach vielen Jahren,
erneut ihre große Liebe bewahren.

Die alte Bank gibt es nicht mehr,
nun ist viel Neues ringsumher.
Eine moderne im Laternenschein,
lädt beide zum Verweilen ein.

Gedanken wandern in die Ferne,
erinnern sich immer gerne,
an ihre Jahre in dieser Stadt,
die sich so sehr verändert hat.

Die rätselhafte Tapetentür

Heute war einer dieser Frühlingstage, die sich schon wie Sommer anfühlten.

Katrin, eine Architekturstudentin aus Wismar, beschloss eine Radtour zu machen.

Dabei hatte sie kein besonderes Ziel, nur abwechslungsreich sollte es werden. Sie entschied sich für den Weg Richtung Westmecklenburg. Katrin war im Gebirge zu Hause, sie liebte diese flache und sanft hügelige Landschaft im Norden. Hier, wo der weite Himmel am Horizont das Meer küsst, lebte sie seit einiger Zeit.

Ihre Fahrt führte sie an sonnengelben Rapsfeldern vorbei, die einen wundervollen Duft verströmten und ihre Sinne zum Klingen brachten. Ein lauer Fahrtwind umspielte ihren Körper, ließ ihre langen blonden Haare wehen und ein bunter Sommerrock flatterte um Katrins Beine. Die junge Frau erfreute sich an der reizvollen Umgebung, die auch einige Blicke auf die Wismar Bucht zuließ. Das Wasser glitzerte in der Sonne und schimmerte dabei blaugrün. Die Riviera vor der Haustür, dachte sie, und radelte vergnügt vor sich hin. Dabei gingen ihre Gedanken auf die Reise.

Ihr Herz war voller Sehnsucht.

Kürzlich hielt ein junger Restaurator an ihrer Hochschule eine Vorlesung die sie begeisterte. Ein toller Mann stand vor den Studenten und sprach abwechslungsreich über die Zeit des Barock. Er war sehr groß, hatte blaue Augen, in denen sich das Meer zu spiegeln schien, und seine schwarzen Haare glänzten. Die Vorlesung wurde nebensächlich, Katrin versank in seinen Blicken, von denen sie glaubte, dass sie nur ihr galten. Er erzählte von der imposanten, barocken Anlage „Schloss Bothmer". Von einem wundervollen Rosenzimmer im oberen Geschoss mit einer geheimnisvollen Tapetentür wusste er zu berichten.

Ihr Ziel war nun klar, dort musste sie hin und die verborgene Tür suchen.

Die letzten Meter fuhr sie auf einem befestigten Weg, der links und rechts mit eigenartigen Bäumen bestanden war. Er öffnete sich in eine weitläufige Parkanlage, wo ein wunderschönes Gebäude stand. Katrin war von dem Anblick begeistert. Riesige alte Bäume standen dicht an dicht um das Gemäuer, als ob sie es bewachen würden.

Jetzt wollte sie unbedingt dieses herrliche Bauwerk besichtigen und die rätselhafte Tür finden. Sie sei schwer zu entdecken, hatte der Restaurator noch gesagt. Ihre Neugier war geweckt.

Katrin buchte eine Führung mit einem Architekten durch das Schloss. Anfangs folgte sie seinen Erklärungen aufmerksam. Er sprach davon, dass es die größte zusammenhängende barocke Schlossanlage Mecklenburgs sei. Zur Zeit der

Grafen von Bothmer befuhr man die sogenannte "Feston-Allee". Ach, das war wohl der Weg mit den interessanten Bäumen, die wie Kopfweiden aussahen. Bei ihrer Ankunft hatte sie ein paar der Blätter in die Hand genommen und erstaunt bemerkt, dass es Lindenbäume waren.

Welche Überraschungen hielt dieses Schloss wohl noch für sie bereit?

Langsam entfernte sich Katrin von der Gruppe, denn sie wollte diese geheimnisvolle Tür finden. Im oberen Stockwerk sollte das Rosenzimmer sein. Sie ging eine geschwungene Treppe, die unter ihren Schritten knarrte, hinauf. Überall hingen funkelnde Kronleuchter, die Wände schmückten zauberhafte Tapeten und an den Decken befand sich prächtiger Stuck. Katrin war von dieser Vielfalt überwältigt, eilte aber vorbei, denn das Rosenzimmer war ihr Ziel.

Dort angekommen erwartete sie ein Rausch der Farben. So etwas hatte die junge Studentin noch nicht gesehen.

Eine wundervolle Seidentapete, die über und über mit Blüten von tiefrot bis zartrosa bemalt war, bespannte die Wände. Blätter und Ranken schienen aus ihnen heraus zu wuchern. Tautropfen, die wie Perlen schimmerten, ließen diese Komposition fast echt aussehen. Katrin meinte die Rosen zu riechen, staunend stand sie davor und hätte fast den Grund ihres Besuches vergessen.

Plötzlich erblickte sie einen winzigen goldenen Punkt, der nicht zur anderen Bemalung passte. War das der Öffner für die Tapetentür?

Was sich wohl hinter ihr verbarg? Katrins Fantasie bekam Flügel. Vielleicht ein Geheimgang des Grafen zu seiner Mätresse, oder ein Ankleidezimmer der Gräfin? Ein Bidet möglicherweise, das sollte es damals auch schon gegeben haben.

Nun war Katrin nicht mehr zu bremsen. Aufgeregt drückte sie auf diesen Punkt. Geräuschlos öffnete sich die Wand und gab den Blick in einen düsteren Raum frei. Ihre Augen gewöhnten sich nur langsam an die Dunkelheit. Ein karges Zimmer war zu sehen, in dem nichts auf seine frühere Nutzung hindeutete.

An einer Wand, von der die Farbe abblätterte, prangte ein gemaltes Herz. In großen Lettern stand dort geschrieben: "Du bist die Liebe meines Lebens!"

Was das wohl bedeutete, dachte sie. Der Schriftzug war nicht aus vergangenen Tagen, nein er sah sehr neu aus. Hatte hier jemand seiner Angebeteten eine Liebeserklärung gemacht? Möglicherweise hatte ER dieses Geständnis an SIE gerichtet? Ihr Herz klopfte so schnell, dass ihr schwindelig wurde und die berühmten Schmetterlinge zu tanzen begannen.

Katrin lief aufgeregt an ein Fenster im Rosenzimmer. War er etwa auch hier? Gespannt schaute sie in den Park hinunter, konnte ihn aber nicht entdecken. Enttäuschung kroch in ihr hoch. Sie drehte sich um und bemerkte dabei einen kleinen Zettel am Fensterkreuz:

> *Sonntag 15:00 Uhr*
> *Picknick auf der Wiese am Schloss.*
> *Ich warte auf dich!*
> *A.*

Ihr wurde ganz heiß. Der Restaurator hieß Alexander. Konnten die Zeilen von ihm sein?

Oder hatten der Duft der weiten Rapsfelder und der berauschende Anblick des Rosenzimmers ganz langsam ihre Sinne vernebelt?

Sonntags darauf gab es im Schlossgarten ein Konzert mit Picknick.

Weit hinten im Schatten eines großen Baumes sah man ein Pärchen verliebt an einander geschmiegt auf einer Decke sitzen.

Die verpatzte Gelegenheit

Sie war heute guter Stimmung. Ein ausgiebiger Stadtbummel mit einigen erfolgreichen Einkäufen hatte ihre Laune sehr gebessert. Sie fühlte sich wohl, die vielen einsamen Stunden und Tage ohne ihn hatte sie im Moment vergessen. Nun beschloss sie den schönen Tag im angesagten Café, unweit der bedeutensten Kirche der Stadt, ausklingen zu lassen. Hier empfing sie schon beim Eintreten eine sehr intime Atmosphäre .Viele Plätze waren, wie immer, belegt.

An einem kleinen runden Tisch am Fenster saß ein Herr. Er gefiel ihr, denn er hatte ein sympatisches, offenes Gesicht und eine sinnliche Ausstrahlung. Irgendwie erinnerte er sie an ihre vergangene Liebe. Sie nahm allen Mut zusammen und steuerte auf den Tisch zu. Die Frage nach einem freien Platz wurde von ihm bejaht. Bei Kaffee und Kuchen begann eine nette Unterhaltung zwischen beiden. Schnell stellten sie viele Gemeinsamkeiten fest.

Am Abend sollte hier eine Autorenlesung stattfinden. Das gefiel beiden und so beschlossen sie sich diese anzuhören. Vorher wollten sie noch ein paar Schritte gehen und die nahe Kirche besichtigen. Hier konnte man immer wieder andere Einblicke gewinnen und viel Neues entdecken. Es schien als würde sie so manches Geheimnis bergen. Die Backsteinbasilika gefiel beiden. Sie bewunderten die Größe und Macht dieses gotischen Bauwerkes.

Schnell verging die Zeit und sie mußten zum Café zurückkehren. Dieser Tag war ganz wundervoll. Ihr Begleiter wurde ihr immer sympatischer. Die ersten Schmetterlinge begannen zu flattern und ihr Herz schlug schneller.

Sie hatte kaum Augen und Ohren für die Lesung, die gelungen schien, denn die Zuhörer lachten und klatschten. Sie aber sah nur ihn. Er gefiel ihr sehr.

Später entließ sie ein wunderbarer Abend in die Nacht. Nun traute sie sich und bat ihn um ein Wiedersehen. Eventuell hier im Cafe, oder anderswo? Ja, sagte er, aber dann würde er seine Frau mitbringen.

Wetter und andere Kapriolen

Heute war ein herrlicher Tag. Mitten im März strahlte die Sonne vom blauen Firmament, als wolle sie den Frühling herbei zaubern.

Grit beschloss, einen ausgiebigen Spaziergang zu unternehmen. Zu diesem Tag passte luftige, pastellfarbene Kleidung. So frühlingshaft angezogen ging sie vor die Tür. Die Sonne hatte Kraft und wärmte ihren Körper. Grit streckte ihr Gesicht zum Himmel, um die Sonnenstrahlen einzufangen.

Wohin, dachte Grit, da lenkte sie ihre Schritte schon in Richtung Hafen. Viele Menschen hatten die gleiche Idee und so hatte das bunte Treiben etwas vom „Osterspaziergang". Gut beobachtet, Herr Goethe, dachte Grit noch. Da stand plötzlich Felix vor ihr. Den wollte sie nun wirklich nicht mehr sehen, zu tief hatte er sie verletzt. Grit wendete sich schnell ab, aber Felix sprach sie an. Ein einseitiges, steifes Gespräch nahm seinen Lauf. Felix fragte die üblichen Phrasen ab. Wie geht es dir, was machst du hier, usw. Grit antwortete zögernd und versuchte schnell weiter zu gehen. Felix ließ nicht locker und so gingen sie gemeinsam bis zum Hafen. Hier gab es ein buntes Gewimmel. Menschen saßen auf den Bänken und die italienische Eisdiele hatte geöffnet. Eine lange Schlange zeugte davon, dass alle den Frühling herbei sehnten. Fröhlich lachende Leute, mit Eistüten in den Händen, schlenderten zum Wasser.

Auch Felix holte für beide Eis, ohne Grit gefragt zu haben. Das wurde ihr doch zu viel und sie sagte ihm unmissverständlich, dass sie seine Begleitung nicht wünsche. Irgendwie wollte er es nicht kapieren. Da schrie Grit ihn so laut an, dass die Umstehenden aufmerksam wurden.

Mit zwei Eistüten in den Händen trollte sich Felix endlich.

Der Tag war für Grit gelaufen.

Sie ging langsam in die Altstadt, um hier noch einen Kaffee zu trinken.

Plötzlich verfinsterte sich der Himmel. Die Sonne versteckte sich hinter dunklen Wolken und es wurde merklich kühl. Grit schaute entgeistert nach oben, denn Schneeflocken rieselten herab. Sie begann in ihrem Frühlings Outfit zu frieren. Schnell in das nächste Lokal, dachte Grit. Sie öffnete die Tür, es waren sehr viele Plätze besetzt. Nur hinten in der Ecke war noch etwas frei. Grit steuerte auf den Tisch zu und wer saß dort und lächelte sie an?
FELIX.

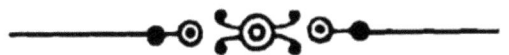

**Helle lichte Strahlen
flirren durch die Luft
gleißendes Licht
heiße Sonnenglut
Sommer**

Am Strand

Es war ein heißer Junitag. Die Wetterfrösche erzählten etwas von ersten Hochsommertemperaturen. Gleißendes Sonnenlicht strahlte vom weißgetupften Himmel. Die Menschen stöhnten unter dieser Hitze. Nur ein Bad in der Ostsee konnte jetzt Abkühlung bringen.

Auch Lisa und Marcus wollten an den Strand. Sie entschieden sich für die Wohlenberger Wieck. Man war schnell dort und die Bäume unmittelbar am Wasser gaben Schutz vor zu viel Sonnenschein. Schnell packten beide das Badezeug zusammen und los ging es.

An der Wieck angekommen wurde das Auto auf dem Parkplatz unter den Bäumen abgestellt. Sie gingen über die Straße zum Strand. Ein großer alter Baum spendete viel Schatten. Hier machten sie es sich bequem. Lisa räkelte sich auf der mitgebrachten Strandliege. Marcus wollte noch Getränke besorgen. Eine Weile beobachtete sie das Treiben am Strand und im Wasser, wo die Luft flirrte und die Wellen glitzerten. Gut gebaute Männer mit knackigen Pos in knappen Badehosen stolzierten auf und ab, immer darauf bedacht, dass die Mädels auch hinschauten. Es gab auch andere Exemplare dieser Gattung. Sie mussten ihre Bäuche einziehen, um eine gute Figur zu machen.

Langsam verschwand die Strandszene vor Lisas Augen. Sie döste vor sich hin. Wenig später bedeckte ein Schatten ihren Körper. Vor ihr stand ein Bild von einem Mann! Er war sehr groß, gut gewachsen und mit rauchiger Stimme und bezauberndem Lächeln fragte er Lisa, ob der Platz neben ihr noch frei wäre. Natürlich war er frei, für diesen Mann doch immer! Ihren Marcus hatte sie augenblicklich vergessen. Der unbekannte legte sich, brachte seinen makellosen Körper in Position und begann nun auch noch ein geistvolles Gespräch. Lisa war wie verzaubert, hing an seinen Lippen, wollte kein Wort überhören. Ihre Hormone spielten verrückt, ach, diesen Mann einmal in ihren Kissen, ihr würden viele schöne Spiele einfallen. – Nun kam er auch noch näher und sie sah ihm in seine tiefblauen Augen. Es gab kein Halten mehr, Lisa begann heftig mit Supermann zu flirten. Beide fanden Gefallen an diesem Spiel. Ihre Blicke wurden tiefer und vielsagender. Lisa bekam immer erotischere Gedanken. Warum eigentlich nur Gedanken? Schnell war man sich einig. Lisa packte ihre Sachen und bedeutete diesem Modeltyp mit Waschbrettbauch mitzukommen. Flink lief sie zu ihrem Auto, dabei vergewisserte sie sich, ob er ihr auch folgen würde. Aufschließen, Sitze runterklappen, das war alles eins. Und nun begann für Lisa eine Reise in ein ihr unbekanntes Land. Dieser Apoll bedeckte ihren Mund mit heißen Küssen, seine Zunge vollführte wahre Kunststücke auf ihrem heißen Leib. Ihr schwanden die Sinne.

„Lisa, Lisa!", hörte sie es wie aus weiter Ferne rufen. Marcus stand vor der Liege und sagte: „Stell dir vor, ich habe eben Sven getroffen. Den hättest du nicht wiedererkannt. Er war auf einer Schönheitsfarm. Hat dort wohl auch einiges richten lassen. Ich soll dich grüßen. Sven hat vor dir gestanden, aber du hättest so schön geschlafen. Er wollte dich nicht wecken."

Sommerlust

Dieser Tag ist herrlich lind,
es weht nur ein lauer Wind.
Bunte Stühle vorm Café laden ein,
sie will heute nur draußen sein.

Nimmt Platz, es ist ihr eine Wonne,
rekelt sich dabei wohlig in der Sonne.
Lässt ihr rotes Haar im Winde wehen,
ein Weib, es erinnert an göttliche Feen.

Männer senden begehrliche Blicke zu ihr hin,
sie ist ein Glücksversprechen, doch nur für ihn.
Da kommt er schon, in ihm regt sich Sommerlust,
auch ihren Körper durchströmt sinnliche Lust.

Ganz schnell verlassen sie das Café,
laufen auf einer Wiese voll von Klee,
zu ihrem lauschigen Platz am kleinen Fluss.
Was dort geschieht, versiegelt ein Sommerkuss.

Halt auf freier Strecke

Es war einer dieser Tage, die man unter dem Motto „ganz schnell vergessen", ablegen sollte.

Ich musste wieder einmal nach Hamburg, einen Termin wahrnehmen. Dieser war schon sehr früh und so hieß es für mich in der halben Nacht aufstehen. Und diese Nacht hatte es in sich. Ein Sturm brauste um mein Haus und es regnete wie aus Kannen. Bei dem Wetter schickt man keinen Hund vor die Tür, dachte ich noch, da riss mich ein furchtbarer Knall aus meinen Gedanken. War ein Baum um gestürzt? Schnell lief ich zum Fenster, aber beide Ahornbäume standen fest in der Erde und trotzten, wie so oft, dem starken Atem von Rasmus. Da sah ich auch schon das Malheur, die Mülltonnen lagen auf der Straße. Ich hatte keine Zeit mich darum zu kümmern, die Abfahrtzeit meines Zuges rückte immer näher. Ich bestellte ein Taxi und fuhr zum Bahnhof. Ausgerechnet heute kam der Intercity pünktlich. Einsteigen und abfahren das geschah in Windeseile. Nachdem ich mir einen Platz gesucht hatte, in einem Abteil mit vier anderen Fahrgästen, machte ich es mir bequem und begann zu dösen. Ich musste schließlich Schlaf nachholen.

Der Zug fuhr heute sehr schnell und die Räder rollten unaufhaltsam Richtung Hamburg.

Das ist ja toll dachte ich noch, da begann er langsamer zu fahren und bremste.

Hellwach betrachtete ich nun meine Mitreisenden.

An den beiden Fensterplätzen saß ein älteres Ehepaar, mir gegenüber eine junge Frau, die mit ihrem Smartphone beschäftigt war. Neben mir hatte eine Dame, die sehr aufgeregt schien, Platz genommen.

Wir standen sozusagen auf freier Strecke und harrten der Dinge, die kommen würden. Plötzlich ertönte die Stimme des Zugbegleiters: "Meine Damen und Herren, unser Zug wird hier auf unbestimmte Zeit stehen bleiben. Grund ist ein Hindernis im Gleis."

Bis dahin war es sehr ruhig in unserem Abteil. Jeder war mit sich beschäftigt. Aber diese Durchsage veränderte alles. Draußen tobte ein Sturm und es wurde gar nicht hell. Regen peitschte an die Fenster und der Wagen begann bedenklich zu schaukeln. Ängstlich sahen wir uns an und in die Stille hinein, sagte meine Nachbarin: "Da liegt bestimmt eine Leiche auf den Schienen, dieses Wetter macht so depressiv."

Entsetzt sahen wir anderen sie an. Die ältere Dame meinte, dass bei diesem Sturm ja auch ein Baum auf den Gleisen liegen könnte. Nun begann eine interessante Unterhaltung darüber, welche Hindernisse uns ausgebremst hätten. Das ging vom Kabelklau an der Strecke über eine Herde Kühe im Gleis, bis zum technischen Defekt der Lok. Jeder von uns hatte eine andere Meinung.

Inzwischen war es so dunkel geworden, dass das Licht im Zug anging. Uns wurde mulmig, denn das

Personal rannte aufgeregt hin und her und forderte die Reisenden auf alle Handys auszuschalten. Unsere Fragen nach der Weiterfahrt wurden mit einem Schulterzucken beantwortet. Meine Nachbarin erzählte uns, dass sie nach Hause in die Schweiz wolle. Ihr Anschlusszug würde demnächst in Hamburg abfahren. Aber wir standen immer noch im Nirgendwo. Zu dem Sturm kam auch noch ein Gewitter und Hagelschauer trommelten auf das Wagendach. Langsam erlosch das Licht und wir saßen im Dunkeln.

Im Nachbarabteil begannen Kinder zu toben. Ein kleiner Racker schien das Abteil auseinander zu nehmen, so rumpelte es. Jetzt empörte sich das ältere Paar über die heutige Kindererziehung. Die junge Frau mir gegenüber lächelte still vor sich hin, das konnte ich im Lichtschein ihres Handys erkennen, denn sie dachte gar nicht daran der Aufforderung des Zugpersonals zu folgen. Unsere Situation verbesserte sich auch nicht, als die nächste Durchsage kam. „Liebe Fahrgäste haben sie noch etwas Geduld, bald geht es weiter." Kein Wort warum wir nun schon eine gefühlte Stunde hier standen. Mein Termin rückte näher, das Ehepaar wollte in Hamburg umsteigen, nur die junge Frau hatte es nicht eilig und lächelte immer noch. Die Dame aus der Schweiz rutschte nervös auf ihrem Sitz hin und her. Ihr Zug war schon längst auf dem Weg zu den Eidgenossen.

Vor dem Abteilfenster wurde es langsam etwas

heller. Das Gewitter war weiter gezogen, nur der Sturm rüttelte noch kräftig an unseren Wagen. Irgendetwas schien hier nicht zu stimmen. Auf dem Nachbargleis fuhren Züge an uns vorbei, warum standen wir noch? In unsere Gedanken hinein ruckte der Zug an und rollte langsam los.

War das Hindernis beseitigt oder fuhren wir auf dem Nebengleis nur bis zum nächsten Bahnhof?

Das Zugpersonal war nicht mehr zu sehen und auch keine Durchsage klärte uns auf.

Die Weiterfahrt war für meine Mitreisenden nicht mehr möglich, mein Termin geplatzt und die junge Frau lächelte zu allem.

In Hamburg angekommen hörten wir beim Aussteigen die Stimme der Bahnhofsprecherin folgendes sagen: "Liebe Reisende verzeihen sie die Verspätung des Intercity aus Stralsund zur Weiterfahrt nach Stuttgart. Unsere Fahrstrecke ist leider ein beliebtes Ziel für Pokémonjäger, und zur Zeit tummeln sich besonders viele von den kleinen digitalen Monstern auf den Gleisen." Ein herzhaftes Lachen erklang hinter mir. Ich drehte mich um und sah in das Gesicht der Handy-Dame aus unserem Abteil.

War sie etwa Schuld an diesem Desaster?

Das wird wohl für immer ihr Geheimnis bleiben.

Zwischen Abend und Nacht

Eine kleine Impression

Das Meer liegt ruhig in der Abendsonne, die langsam am Horizont in die Fluten taucht.

Dabei zaubern ihre Strahlen eine orange-rote Straße auf das Wasser. Kleine glitzernde Wellen umspülen Steine am Strandsaum, die auf schwerem, nassen Sand liegen. Viel Bruchholz, das durch Stürme von der Steilküste geweht wurde, verteilt sich am Strand. Das Hochufer ist durchlöchert mit Nestern der Seeschwalben. Sie suchen dicht über dem Wasser kleine Fliegen für ihre Brut. Oben am Steilufer blühen gelber Ginster und zartrosa Heckenrosen. Dazwischen stehen einzelne Windflüchter. So mancher Sturm hat in ihnen gezaust. Ihre Äste haben sich mit dem Wind gedreht und zeigen zum Land.

Unten am Strand steht ein alter Baum. Weder Stürme noch die Wogen der See konnten ihm die Basis rauben. Einige seiner knorrigen Wurzeln suchen nach neuem Halt.

Die Sonne ist nun fast verschwunden, sie sendet noch etwas Licht ans Ufer. Wie kleine schwarze Flugzeuge sausen Schwalben durch die Luft. Sie suchen in der Zeit zwischen Abend und Nacht immer noch nach Futter.

Es ist still geworden am Strand, nur ein leises Plätschern ist zu hören. Im Gesträuch der Steilküste beginnt die Nachtigall mit ihrem Gesang.

Drüben auf der Insel sendet der Leuchtturm seine Strahlen aus. Fingern gleich tasten sie sich in die Dämmerung.

Einmal rot, einmal grün, so leuchten die Seezeichen. Sie weisen einem Frachtschiff den Weg. Es stampft durch die Nacht, dem Hafen entgegen. Bald wird es dort ankommen. Auch ich gehe durch diesen stillen Abend meinen Weg. Dabei begleitet mich ein letzter goldener Schein weit hinten in der Ferne.

Wege gehen

Tiefschwarzer Himmel über mir,
keine Erkenntnis, bin verwirrt.
Alles ist in Bewegung,
gehe trotzdem meinen Weg.

Stehe vor einem Berg,
sehe keine Spitze.
Verschwindet im Nichts,
bin auf dem Weg.

Verschwommene Konturen,
Bilder im Nebel.
Erklimme den Berg,
es wird heller.

Die Sonne scheint,
wärmt mich, sehe klarer.
Spüre das geliebte Meer,
war auf dem Weg, bin angekommen.

Sommerträumereien

Es ist Abend noch, die Nacht nicht erwacht,
in der Ferne ahnt man sie schon.
Der Himmel strahlt in letztem Licht,
vom Meer weht ein leichter Wind,
heller Schimmer, die blaue Stunde beginnt.

Ganz leise zwitschern Vögel,
als wollen sie mir ein Schlaflied singen.
Bringen so mein Herz zum Klingen.
Golden hängt der Mond in den Bäumen,
im Gras liegend, beginne ich zu träumen.

Dieser Abend ist so herrlich warm,
spüre plötzlich deinen Arm.
Legst ihn um mich, ganz sacht,
dann, ein Kuss voller Leidenschaft,
in dieser lauen Sommernacht.

Bin aus meinen Träumen erwacht,
langsam beginnt die dunkle Nacht.
Voller Gedanken gehe ich nach Haus,
meine Sommerträumereien sind aus.

Reisen auf Abwegen

Ein nasskalter Sommertag nahm seinen Anfang.

Heute wollte Anne zu ihrer Tochter nach Hamburg fahren. Ein ausgiebiger Bummel durch die Geschäfte war geplant.

Anne hatte den Wecker nicht gehört, war viel zu spät aufgestanden. Hektisch raffte sie ihre Sachen zusammen. Es blieb nicht viel Zeit, der Zug sollte bald abfahren. Abgehetzt erreichte sie in letzter Minute den Bahnsteig. Der Regional-Express stand aber nicht dort. Eine elektronische Anzeige verkündete, dass er circa 15 Minuten Verspätung hätte. Grund: "Vandalismus im Zug".

Nun hatte sie Zeit und konnte sich von dem Stress erholen. Anne ging zum Warteraum, wollte hier ausharren und sich aufwärmen, denn ein eisiger Wind pfiff über den Bahnsteig. Er hatte schon viele Wartende vertrieben. Sie konnte es nicht glauben aber die Tür des Wartebereichs war geschlossen!

Ihr fiel ein, dass sonntags nie geöffnet war. So also sah der Service der Deutschen Bahn aus! Sie ging zu dem kleinen Kiosk, um einen Kaffee zu trinken. Dieselbe Idee hatten auch viele andere. Eine Menschenmenge drängelte sich in dem winzigen Raum. Anne musste auf den zugigen Bahnsteig zurück.

Mit klammen Fingern ging sie auf und ab. Das nützte wenig, die Kälte kroch an ihr hoch. Anne begann fürchterlich zu frieren. Eine gefühlte

Ewigkeit später kam endlich der ersehnte Zug. Rasch stieg Anne ein, wollte schnell ins Warme. Hoffentlich fuhr er bald ab, denn ihr blieben in Bad Kleinen nur wenige Minuten zum Umsteigen. Sie wollte noch ihre Tochter informieren und kramte in der Tasche nach dem Handy. Es war nicht zu finden. Sie hatte es zu Hause vergessen. Heute lief einfach alles schief!

Endlich verließ die Bahn Wismar und ratterte in Richtung Bad Kleinen. Die Zugbegleiterin begrüßte die Fahrgäste, entschuldigte sich für die Verspätung, auch der Hanse-Express nach Hamburg würde in Bad Kleinen nicht warten. Die Reisenden dorthin sollten bis Schwerin mitfahren. Auf dem gegenüberliegenden Gleis ginge es weiter.

Was kam nun noch? Anne reichte es! Endlich rollte der Zug in den Schweriner Bahnhof. Wie versprochen stand auf dem anderen Gleis ein ICE. Anne stieg ohne zu zögern ein. Eine wohlige Wärme umgab sie und zufrieden ließ sie sich in einen der komfortablen Sessel fallen.

Nun konnte die Reise nach Hamburg beginnen. Sanft rollte der Intercity aus dem Bahnhof. Eine sonore Männerstimme begrüßte die Reisenden auf ihrer Fahrt nach Berlin.

Wie war die Durchsage BERLIN? und ohne Halt? Anne wollte nach HAMBURG! Mit klammem Gefühl kauerte sie in den Polstern. Nun hatte sie auch noch eine ungültige Fahrkarte. Was für eine verfahrene Situation. Bei der Kontrolle ließ der

Zugchef Gnade walten, sie konnte ohne Zuzahlung mitfahren. Anne atmete tief durch. Dieser Tag war nicht mehr zu retten.

Plötzlich hörte sie eine bekannte Stimme: „Was machst du denn hier? Willst du Berlin unsicher machen?" Vor Anne stand Klaus, eine Liebe aus vergangenen Tagen. Charmant lächelnd nahm er neben ihr Platz. Schnell waren sie in ein angeregtes Gespräch vertieft und die Fahrt verging wie im Flug.

In Berlin angekommen, fragte Klaus ob er Anne seine Stadt zeigen dürfte. Sie zögerte nicht lange und war mit einem Bummel durch Berlin einverstanden. Hamburg hatte sie ganz schnell vergessen. Anne war neugierig auf die Hauptstadt.

Und so begann doch noch ein wunderschöner Tag. Klaus legte sich mächtig ins Zeug und machte mit Anne eine Besichtigungstour der anderen Art. Er zeigte ihr Ecken von Berlin, die in keinem Stadtführer auftauchten.

Was später geschah, ob sich beide ins Berliner Nachtleben stürzten, oder andere schöne Dinge passierten - wer weiß?

Anne ist jedenfalls erst tags darauf nach Hamburg gefahren.

Bunte Blätter am Boden
raschelndes Laub
Herbstzeitlose blühen
kalter Wind fegt durchs Geäst
Herbst

Tanzende Nebel

Ließ mich in einem verwunschenen Garten nieder,
in ihm leuchteten weißer und blauer Flieder.

Wie verzaubert lag er in der roten Abendsonne,
ich wartete auf dich, wollte teilen diese Wonne.

Aus dunklen Büschen stiegen Nebel in die Lüfte,
nun umfingen mich ganz betörende Düfte.

Wundersamer Zauber lag über dem Ganzen,
es schien als würden Elfenreigen tanzen.

Du bist leider nicht gekommen,
ich habe meinen Hut genommen.

Werde diesem Idyll entfliehen
und einfach mit den Nebeln ziehen.

Novemberblues

Nebel weben ihre Schleier durchs Land,
kalter Wind rauscht in kahlem Geäst.
Sonnenstrahlen lugen durch Wolkenfetzen,
es liegt ein Hauch von Winter über allem.

Wehmütig gehe ich durch erstarrende Natur,
bald wird erstes Weiß sie bedecken.
Nun beginnt die dunkle Jahreszeit
und in mir singt der Novemberblues.

Letzte Kraniche ziehen nach Süden,
trompetend senden sie mir einen Gruß.
Sehnsüchtig schaue ich ihnen hinterher,
diesen wundervollen Vögeln des Glücks.

Meinen Blues, den haben sie vertrieben,
die Hoffnung auf das Frühjahr bleibt.
Nun gehe ich heiter meinen Weg,
auch grauer Herbst hat schöne Seiten.

Novemberschnee

Ganz plötzlich ist er da, fällt sacht,
legt sich auf Baum und Ast.

Er bedeckt Blume und Strauch,
ist feucht und wiegt schwer,
verwandelt das Land in ein weißes Meer.

Es wird still ringsumher,
der Schnee schluckt alles Laute.

Nun bedeckt ein glitzerndes Gewand,
die Stadt und das Land.

Es schneit bis tief in die Nacht.
Bin am Morgen erwacht -
fort war die weiße Pracht.

Wohin zieht es mich

nach einem Gedicht von Marie Luise Kaschnitz
„Ob wir davonkommen"

Ob wir davonkommen
wenn wir unsere Umwelt immer weiter zerstören?

Ob wir davonkommen
wenn die Fische in den Ozeanen unseren Plastikmüll
verschlucken
und elendig sterben?

Ob wir davonkommen
wenn große Multis den Regenwald abholzen?

Ob wir davonkommen
wenn wir unseren Nachkommen eine geschundene
Natur übergeben?

Steht dahin, steht alles noch dahin.

Ich ziehe in Erwägung

Gestern wollte sie noch mit ihm Schluss machen.

Heute wurde sie wankelmütig.

Morgen ist auch noch ein Tag.

Pilates – eine Erfahrung

Kürzlich informierte mich meine Krankenkasse, dass ich an einem ganzheitlichen Körpertraining, genannt Pilates, teilnehmen könnte. Sie würde mir auch achtzig Prozent der Kursgebühr ersetzen. Na, das hörte sich gut an und so beschloss ich an einem Training teilzunehmen.

Am Donnerstag sollte es losgehen und ich war neugierig, was mich erwartete.

Fünf weitere Damen und ein Herr hatten Lust auf Pilates. Wir waren, mit Ausnahme einer jungen Frau, alle Ü60. Das ist gut wegen der Blamage, ging es mir durch den Kopf.

Die Kursleiterin erzählte uns anfangs etwas über Herrn Pilates, der in Deutschland geboren, seinen großen Durchbruch in New York hatte. Oh, dachte ich, Amerika, da kommt manchmal Eigenartiges her. Ich sollte mich nicht geirrt haben, denn nun ging der Aufbau des Power Houses los. Den Bauchnabel an die Wirbelsäule ziehen und dann noch unter die Rippen saugen, wie soll das denn gehen? Nun die Beckenbodenmuskulatur aktivieren, dabei bitte vorstellen, man würde sich in eine enge Jeans quälen. Prima, das hatte ich irgendwie geschafft, nun noch die Atmung, die versagte mir in meiner knappen Jeans leider den Dienst und das mühsam aufgebaute Power House fiel in sich zusammen.

Neustart, alles auf Anfang, der Herr Pilates hatte sich bestimmt etwas dabei gedacht, wenn er die

Stabilisierung der Bauchmuskulatur und eine spezielle Atemtechnik als so wichtig für alle weitere Quälerei ansah.

Das Power House wurde wieder aufgebaut und nun folgte eine Übung, die auch eine gewisse Atemtechnik beinhaltete. Oh, das ging ja schon ganz gut, aber leider machte mir meine Bauchmuskulatur einen Strich durch die Übung. Ich ließ mich nicht entmutigen, denn ich wollte doch eine durchtrainierte Figur bekommen und meinen Körper und mein Geist in Einklang bringen. Nur leider wollten mein Körper und mein Geist nicht mitziehen.

So sehr ich mich auch bemühte, mein Fitnesszustand eignete sich wohl nicht für dieses Training. Es war ja auch die erste Stunde. Nun habe ich schon die vierte Übungseinheit hinter mir und ich mache kleine Fortschritte.

Die Bauchmuskulatur ist das Non plus Ultra, das hatte ich begriffen und so erwische ich mich oft beim Aufbau des Power Houses. Ob bei der Hausarbeit oder beim Anstehen an der Supermarktkasse, ich zwänge mich in die zu enge Jeans. Selbst beim Arbeiten am Computer kräftige ich nun meine desolate Mitte.

Es lässt mich hoffen, dass ich diesen Kurs mit mäßigem Erfolg absolvieren werde.

Ob Herr Pilates und ich noch zueinander finden und ob ich einen Aufbaukurs belege? Das fragen Sie mich bitte erst, wenn ich diesen überstanden habe.

**Frostkalte Tage
starre Natur
Eisblumenfenster
weiße Pracht
Winter**

Winter vorm Balkon

Im Ahorn wispern letzte Blätter,
Blumenkästen ziert Tannengrün.
Erika und Sanddorn leuchten,
sind Farbtupfer in der Tristesse.

Federleichte Flocken wirbeln,
tanzend durch kalte Dezemberluft.
Zuckern den erstarrten Boden,
kleine Meisen hüpfen im Geäst.

Dicht fallen nun die Kristalle,
rings herum wird alles weiß.
Baum und Strauch tragen Hauben,
glitzernd erstrahlt die Natur.

Ziehe mir warme Sachen an,
laufe durch das Gestöber.
Stille legt sich übers Land,
der Schnee schluckt alles Laute.

Weit in der Ferne jubeln Kinder,
Schlitten gleiten durch die Pracht.
Höre zarte Glöckchen bimmeln,
gehe verzaubert langsam heim.

Hell leuchtet nun mein Balkon,
liegt verschneit im Abendlicht.
Genieße Tee bei Kerzenschein,
bist mir willkommen, Winter!

Winterlichter

Als die Nacht noch vom Tag geträumt,
ist im rosaroten Morgen ein neuer erwacht.
Erster Schimmer den Horizont säumt,
langsam verdrängt heller Schein dunkle Nacht.

Sonnenstrahlen tasten zaghaft übers Land,
dieses Schauspiel berührt mich sehr.
Nun trägt die Natur ein lichtes Gewand,
schnell laufe ich zum nahen Meer.

Es ist erstarrt, liegt still und weiß,
Bizarre Frostgebilde leuchten im Winterlicht.
Sonnenblitze flirren übers Eis,
zaubern ein Lächeln in mein kaltes Gesicht.

Mit frohem Herzen gehe ich zurück,
eisige Gedanken sind nun vertrieben.
Mich durchströmt wärmendes Glück,
Freude auf Sonnenwinter ist geblieben.

Winterzauber am Strand

Trübes Sonnenlicht fällt durch kahles Geäst
und die Wipfel der Bäume wispern.
Leise knistern Eiswellen an den Strand.

Raureif zuckert Strauch und Sand,
ich gehe durch die erstarrende Natur.
Bald wird erstes Weiß sie bedecken.

Letzter Sanddorn leuchtet von der Steilküste.
Möwen segeln schnell über das Wasser,
den Schiffen am Horizont entgegen.

Bin verzaubert von diesem Anblick.
Wissend, dass dunkle Stunden folgen,
denke ich wehmütig an vergangene Tage.

Stille breitet sich nun über das Land,
es ist die Zeit, wo der Tag sich neigt
und der Abend seine Schatten wirft.

Leichte Schritte führen mich heim,
denn helle, lichte Tage kehren wieder,
weil die Hoffnung auf das Frühjahr bleibt.

Glühwein in der Wüste

Für Opa Willi war das Weihnachtsfest immer eine Familienfeier. Er freute sich schon wieder auf das gute Essen von seiner Frau Edith. Auch die Kinder und seine Enkel besuchten sie gerne.

In diesem Jahr sollte nun alles anders werden. Edith wollte Weihnachten verreisen, nach Afrika. Endlich mal nicht kochen und backen, nein sie hatte anderes vor.

Löwen und Elefanten, Zebras und Giraffen in freier Wildbahn erleben, das war ihr großer Wunsch. In einem Reisebüro hatte Edith schon nach Südafrika gebucht. Damit hatte sie ihren Willi mächtig überrumpelt.

Für ihn waren Gänsebraten und Klöße, Stollen und Glühwein Weihnachten. Tiere in heißer Wüstenluft anschauen war nicht sein Ding. Das sagte er auch seiner Angetrauten. Aber Edith hatte kein Einsehen. Dieses Weihnachten blieb die Küche kalt!

Für Willi brach seine heilige Weihnachtswelt zusammen. Er sah sich schon schwitzend durch die Wüste keuchen und bei Gluthitze eine Safari machen. Ihm wurde heiß und kalt bei dem Gedanken.

Er musste sich etwas einfallen lassen. Erst einmal die Kinder von dem Wunsch ihrer Mutter informieren. Die waren bestimmt auch nicht begeistert von dem Plan. Sie setzten sich zum Fest gerne an den gedeckten Tisch.

Ein Anruf bei der Tochter und dem Sohn, aber beide fanden die Idee ihrer Mutter toll und freuten sich, dass sie sich eine schöne Zeit machten.

Willi war perplex, damit hatte er nicht gerechnet. Nun musste eine andere Strategie her. Er hatte eine Idee: Seine Gesundheit wollte er nun ins Spiel bringen. Seit Langem plagten ihn heftige Rückenschmerzen. Zum Arzt war er noch nicht gegangen, hatte es immer auf später verschoben.

Nun wollte er doch einmal einen Orthopäden aufsuchen. Er ging zum Hausarzt holte sich eine Überweisung, verließ frohen Mutes die Praxis und suchte den Facharzt auf.

Eine freundlich lächelnde Schwester am Empfang teilte ihm mit, dass es den nächsten freien Termin erst am Montag, den 25. Februar 2019 gäbe. Entgeistert schaute Willi die nette Schwester an und murmelte: "Dann gehe ich zu einem anderen Orthopäden."

Da flötete diese: „Das brauchen sie gar nicht zu versuchen, in den Praxen sieht es überall so aus. Keine kurzfristigen Termine".

Was nun? Willi musste nachdenken. Ein Spaziergang über den Weihnachtsmarkt sollte ihn auf eine neue Idee bringen.

Überall roch es verführerisch nach gebrannten Mandeln, Mutzen und Glühwein. Der Geruch des wärmenden Getränks stieg ihm besonders in die Nase. Er machte Halt an der Pyramide. Willi beschloss einen zu kosten und fing auch gleich an.

Ein Becher nach dem anderen folgte. Irgendwann sah er alles wie durch einen Schleier, jetzt war es Zeit nach Hause zu gehen.

Willi bezahlte seine Zeche und stolperte seiner Wohnung entgegen.

Wie er in sein Bett gekommen war, wusste er nicht mehr.

Ein unheimlicher Traum riss ihn schweißgebadet aus dem Schlaf. Er saß mit einem Becher Glühwein in der Wüste. Zebras, Giraffen und Elefanten umringten ihn und riefen immer: "Willi, Willi aufwachen, du musst Koffer packen. Bald geht es nach Afrika!" Über allem schwebte Ediths lächelndes Gesicht.

Nur sehr langsam begriff er, es war zu viel Glühwein und alles nur ein Traum.

Zwei Wochen später saßen Edith und Willi in einem Flugzeug nach Südafrika. Willi war nun doch sehr aufgeregt und gespannt auf den unbekannten Kontinent. Total begeistert von diesem Land, seiner wunderbaren Natur und den vielen exotischen Tieren, saß er bei jeder. Safari immer ganz vorne. Auch die brennende Hitze störte ihn nicht mehr. Im nächsten Jahr, das stand für Willi fest, geht es wieder nach Afrika.

Getrunken hatte er in der Wüste auch. Keinen Glühwein, sondern in Südafrika wurde Willi unter heißer Sonne zum Teetrinker.

Der freche Engel

Ein kleiner Engel,
frech wie ein Bengel,
in den Händen sein Kinn,
sucht er nach dem Lebenssinn.

Liegt bäuchlings auf Wolke sieben
wäre sehr gerne dort geblieben!
Faul bewegt er seinen Kopf,
mit dem schönen roten Schopf.

Kess spukt er ins Himmelszelt,
Petrus hat den Wicht gestellt.
Sein Tun war ziemlich übertrieben,
muss nun runter von Wolke sieben!

Zu den Menschen auf die Erde,
damit es dort bald Weihnacht werde.
An alle Kinder hat er gedacht,
auch ihr werdet von ihm bewacht.

Der unheilige Abend

Im Badezimmer flackert Kerzenschein,
sie lässt sich ein Schaumbad ein,
trägt ein Nichts von Negligee,
prüft das Wasser mit rot lackiertem Zeh.

Er hat ihr gesagt, heute käme er zur Zeit,
macht nun alles für ein Sinnenbad bereit.
Freudig erregt wartet sie auf ihn,
hoffentlich gibt es nicht noch einen Termin.

Die Zeit scheint nicht zu vergehen,
aufregend sexy ist sie anzusehen.
Im Bad schimmern die Kerzen,
ist so viel Liebe in ihrem Herzen.

Klopfen an der Tür, schnell eilt sie hin,
denkt dabei nur an ihn.
Dort steht der Weihnachtsmann,
in der Hand einen Strauß Tann.

Hat sich in der Etage geirrt, der Liebe,
in ihr regen sich wundervolle Triebe.
Später dann lustvolle Laute aus dem Badezimmer,
sinnlicher Duft und Kerzenschimmer.

Die Nikolausstiefel

Ermüdet von einem nervigen Arbeitstag ging Anne durch die Altstadt nach Hause. Beiläufig schaute sie in die weihnachtlich geschmückten Auslagen der Geschäfte. Plötzlich blieb sie wie angewurzelt stehen. Da, im Schaufenster des Schuhladens standen sie! Hohe Stiefel bis zum Knie, mit Plateausohle und hinten mit einem neckischen Reißverschluss. Knallrot strahlten sie Anne an. Sie war aus dem Häuschen. Genau so sollten doch ihre Neuesten aussehen.

Nun standen sie vor ihr im Fenster eines noblen Schuhsalons. Ein Traum von Stiefeln. Anne sah sich schon damit durch die Straßen ihrer altehrwürdigen Stadt schreiten. Ein ganz besonderer Hingucker würden sie sein.

Also, rein ins Geschäft, anprobieren und kaufen, das ging sehr schnell. Beim Preis zuckte Anne kurz zusammen, aber das waren ihr die Schuhe wert.

Stolz ging sie mit ihrer Neuerwerbung nach Hause. Heute Abend würde Anne diese wunderschönen Exemplare ihrem Mann vorführen, aber vorher war noch ein Probelaufen angesagt. Vorsichtig stakste sie in den weichen roten Lederstiefeln, die wirklich sehr hoch waren, durch die Wohnung. Anne wurde mutiger und ging auch ein paar Schritte vor die Tür.

Sie musste gut aufpassen, denn es war Anfang Dezember und Schneematsch bedeckte die Straße. Freudig erregt und in Gedanken schritt sie dahin.

Plötzlich rutschten Anne die Beine weg und sie fiel sehr schmerzhaft auf ihren Allerwertesten.

Entgeistert rappelte sie sich vom Boden auf. Oh, tat ihr der Hintern weh! Sie besah sich das Malheur, ihre Jacke war verschmutzt. Die Leggins hatten einen Riss, die schönen neuen Stiefel zierten schwarze Schrammen und ein Reißverschluss war ausgerissen.

Traurig humpelte sie nach Hause. Die tollen Stiefel sahen sehr ramponiert aus. Wie sollte sie die schwarzen Riefen entfernen und was machte sie nur mit dem kaputten Reißverschluss? Es war zum Heulen! Schon vor der Wohnungstür zog sie die Stiefel mit schmerzverzerrtem Gesicht aus. Sie setzte sich sehr vorsichtig auf das Sofa in der Stube und begann nachzudenken. Sie hatte ein Problem. Anne sinnierte und sinnierte und schlief darüber ein.

„Da bin ich Liebling", sagte ihr Mann. „Ich habe dich noch etwas schlafen lassen, du hattest wohl, genau wie ich, einen anstrengenden Tag? Übrigens, draußen standen so verdreckte und beschrammte rote, ausgerechnet rote, Stiefel! Sie sahen sehr gewöhnungsbedürftig aus. Da hat sich wohl jemand einen Scherz erlaubt, denn morgen ist ja Nikolaustag. Gerade kam die Müllabfuhr, ich habe ihnen diese schrecklichen Dinger gleich mitgegeben."

Die Weihnachtsüberraschung

Vor dem Fest stand ein Fahrrad am Zaun,
war angeschlossen und herrlich anzuschauen.
Leuchtete in den Farben vom Regenbogen,
hat so sehr viele Blicke auf sich gezogen.

Tags darauf kam ich dort vorbei,
prompt war es auch schon entzwei.
Ein Vorderrad wurde abmontiert,
das hat mich doch sehr irritiert.

Der Drahtesel war sonst prima in Schuss,
ich aber dachte mit Verdruss:
Morgen wird wieder etwas fehlen,
auch so kann man ein Fahrrad stehlen.

Heute auf meinem Weg nach Haus,
sah es ganz erbärmlich aus.
Letzte Reste luden ein zum Klau`n,
nur noch der Rahmen hing am Zaun.

Der war dann sehr bald verschwunden,
es hatte sich ein Interessent gefunden.
Heimlich hegte ich einen Verdacht,
jemand hat sich ein Geschenk gemacht.

Heilig Abend, es war dunkel und kalt,
ich machte kurz bei den Nachbarn Halt
und wollte meinen Augen nicht trau`n,
glänzte dort etwa das Rad unterm Baum?

Über die vier Jahreszeiten

Erstes zaghaftes Grün,
lichte Momente.

Gleißendes Sonnenlicht,
heiße Gedanken.

Satte Farben, gelb und braun,
Abschied.

Weiße, kalte Pracht,
Wiedergeburt.

Eine kleine Caféhausgeschichte

Jedes Jahr nahm sie sich vor die Weihnachtseinkäufe früher zu erledigen. Jetzt hetzte sie wieder an einem verkaufsoffenen Sonntag durch die volle Altstadt. Matschiger Schnee lag auf den Straßen, es war ein nasskalter Dezembertag. Ein Tag um zu Hause gemütlich bei Kerzenschein Kaffee zu trinken. Aber sie hatte es ja nicht anders gewollt!

Menschen hasteten hin und her. Überall herrschte hektische Betriebsamkeit. Keiner hatte einen Blick für den anderen. Alle dachten nur an die vielen Dinge, die für ein schönes Weihnachtsfest noch erledigt werden müssten.

Auch sie versuchte einige Geschenke zu besorgen. Eigentlich wollte sich die Familie seit Jahren nichts mehr schenken. Wie immer wurde das nichts, eine Kleinigkeit lag dann doch unter dem Weihnachtsbaum. Sie hatte so gar keine Ideen, was nur kaufen?

Entnervt steuerte sie das erste Lokal in der Nähe an. Erst einmal ausruhen, einen Kaffee trinken und dabei die Gedanken und den Einkaufszettel sortieren. Beim Betreten des Caféhauses schien es ihr, als ob der Marienkirchturm etwas hämisch grinste. Ein freier Tisch war schnell gefunden. Nur keine Gespräche mit anderen Leidensgefährten, die konnte sie nicht gebrauchen! Bei Kaffee und Kuchen sinnierte sie vor sich hin, dabei bemerkte sie nicht, wie sich die Gaststube füllte. Eine Stimme holte sie aus ihren Gedanken. Ob hier wohl noch etwas frei wäre?

Ein Herr aus Hamburg, wie sich in ihrem Gespräch herausstellte, nahm an ihrem Tisch Platz. Zwischen beiden begann eine sehr nette Unterhaltung. Plötzlich fragte sie der Mann, ob sie aus Wismar käme. Sie verneinte. Das wäre ihm schon aufgefallen sagte er, sie kommen doch sicher aus Berlin. Er lachte, ich nämlich auch! Nun war sie überrascht. Sie hatte geglaubt in all den Jahren das Berlinern verlernt zu haben und ein breites Mecklenburgisch zu sprechen. Sie fragte welcher Stadtbezirk? Antwort von ihm: Pankow. Großes Gelächter bei ihr, ich auch. Es fehlte nur noch die Straße. Beide riefen wie aus einem Mund, Trelleborger! Nun waren sie nicht mehr zu bremsen, es wurde ausgiebig in Kindheitserinnerungen gekramt. Begegnet sind sich beide wahrscheinlich nie, obwohl sie nur wenige Häuser weit auseinander wohnten. Die Kinder auf der Straßenseite mit den geraden Nummern spielten zusammen, die auf der gegenüberliegenden Seite gehörten zu einer anderen Clique. In ihren Gedanken tauchte der Junge vom Bolzplatz auf. Den hatte sie so angehimmelt, hielt er doch jeden Ball im Tor. War er es etwa? Wie auch immer.

Es wurde noch ein sehr schöner Nachmittag und ihre Gedanken an die Weihnachtseinkäufe waren wie weggeblasen. Erst am frühen Abend verließ sie beschwingt das Café, denn beide hatten sich viel zu erzählen. Der Marienkirchturm erstrahlte hell im Scheinwerferlicht. Einen Augenblick lang war ihr so, als würde er schelmisch zwinkern und sagen:

Siehst du, so schnell kann man den ganzen Weihnachtsstress vergessen.

Froh gelaunt ging sie nach Hause, dabei begleiteten sie die schönen gotischen Giebelhäuser ihrer Stadt. Berlin war ihre Vergangenheit und Erinnerungen wunderschön. Wismar war seit vielen Jahren ihre Heimat und Weihnachten feierte sie gerne hier. In diesem Jahr aber ganz gewiss ohne Geschenke!

Impressum

© Christine Berning,

Am Schwedenstein 14

23966 Wismar

Fotos: privat

Grafiken: Das große Buch der graphischen Ornamente

Gestaltung: Petra Block

Lektorat: Petra Block

Herstellung und Verlag: BoD – Books on Demand GmbH Norderstedt

ISBN 9-783734-762123

MIX
Papier aus verantwortungsvollen Quellen
Paper from responsible sources
FSC® C105338